Erlebnis

Aus meinen Jugendjahren in Naumberg möchte ich noch erzählen. Wir Kinder hatten eine schöne, aber arme u. arbeitsreiche Jugend. Schön waren die Semesterferien, wenn die Studenten kamen. Mein Bruder Alfons, Kesslers Franz u. sein Cousin Martin. Martin der war Theologe. Wenn die 3 kamen, da war etwas los. Abends gingen wir auf die Burg, da wurde gesungen u. Mandoline u. Zither gespielt. Die Kesslerkinder, Franz, Hans u. Marcel waren unsere Nachbarskinder. Es war eine Freundschaft so sauber u. gut, es gab kein Streit oder Eifersucht oder Neid, aber nicht mit den anderen Nachbarn. Ich glaube, daß es viel ausmachte, weil wir alle so arm waren. Auch in der Schule war es so. Es waren Freundschaften fürs Leben. Eine Schulkameradin lebt noch in Regensburg, auch die täte noch u. wir sprechen oft von den schönen alten Zeiten.

Lotterkinder u. Kesslerkinder waren eins. Wir hatten auch kein Geheimnis voneinander.

Hermann Höcherl
Das Bader-Reserl

Das Bader-Reserl

Die Geschichte eines ungewöhnlichen Lebens

von

Hermann Höcherl

[handschriftliche Widmung: Für Ernst Wanninger Brennberg, 1. Mai 96 von ...]

MORSAK VERLAG GRAFENAU

Gesamtherstellung:
Morsak Offsetdruck und Buchbinderei
94481 Grafenau
Printed in Germany

ISBN 3-87553-441-7

VORWORT

Es ist nicht meine Absicht, den in teils bitterer, aber auch verklärender Nostalgie schwelgenden Büchern vom Leben auf dem Lande in vergangenen Jahrzehnten ein weiteres hinzuzufügen. Viel mehr ist mir daran gelegen, das ungewöhnliche Leben einer Frau an der Seite eines ungewöhnlichen Mannes zum Teil aus deren eigenen Aufzeichnungen, zum Teil aus Gesprächen und vor allem aus den Erfahrungen als Sohn von Therese (Bader-Reserl) und Hermann Höcherl zu skizzieren.

Vor nun fast 87 Jahren nahm die Geschichte ihren Anfang. Es ist ein Weg nach oben beschrieben, ein Weg aus der Armut, die es hier in der „Steinpfalz" im besonderen Maße gab in diesem Jahre 1907. Es ist viel von Glück die Rede, von Mut, aber auch von Schicksalsschlägen, wie sie alltäglich sind – aber nie aus der Sicht einer Frau und Mutter.

Wenn man heute durch die Dörfer des Vorderen Bayerischen Waldes geht und fährt, dann scheint in mehr oder minderem Maße sehr vielen Menschen dort ein Aufstieg möglich geworden zu sein – bauend auf den Leistungen der Vorfahren – und er ist wieder in

Gefahr, weil Liebe und Gemeinsinn durch Egoismus und Wohlstandsdenken ersetzt werden.

Unsere Ureltern und Eltern waren nicht die Menschen, wie es Heimattümelei – dreschflegelschwingend, körbeflechtend und „Herbstmilch" löffelnd – darstellen will, wie es einige Heimatpfleger, die mit der Rautenunterhose ins Bett gehen, gerne hätten, um ihr Unwissen zu übertünchen. Es waren Menschen, die sehr oft zwei Kriege miterleben mußten mit all ihren Folgen, Not, aber auch gewaltige wirtschaftliche und politische Veränderungen – und das Beste nach dem letzten Kriege schufen für uns und unsere Kinder, mit Arbeit und Verstand.

Hermann Höcherl

KINDHEIT IN DER GROSSFAMILIE

Die ungewöhnlich gepflegte alte Frau, die da mit hellwachen Augen im Dezember des Jahres 1993 in ihrem Bett liegt und dies nur mehr selten verlassen kann, mag sich wohl an ihre eigene Kindheit in der großen Familie erinnert haben, als sie unvermittelt sagt: „Wie ein kleiner Bauernbub hat er damals ausgeschaut, der Hassan, mit seinem langen Kittel, den kurzgeschorenen Haaren und den großen dunklen Augen, als er uns bei dem Essen im großen Zelt in Fez vorgestellt wurde." Gemeint ist der heutige König Hassan II. von Marokko, bei dessen Vater Mohammed V. Theresia Höcherl als Frau des Innenministers der Regierung Adenauer Anfang der 60er Jahre zu Besuch war. Die Erinnerungen schweifen ...

Doch mit der ihr eigenen Energie hatte Theresia Höcherl bereits Jahre zuvor an den Abenden, die immer stiller geworden waren, stichpunktartig ihre Lebenserinnerungen, vermischt mit besonders herausstechenden Ereignissen, niedergeschrieben und vieles erzählt.

Die kleine Theresia, das „Reserl", war das jüngste und letzte Kind der Eheleute Theresia Lotter, geborene

Fichtl aus dem nahegelegenen, hundert Tagwerk großen Thalhof und des aus Amberg zugezogenen approbierten Baders Nikolaus Lotter. Die 1866 geborene Mutter verstarb 1932, der 1870 geborene Vater 1952. Auch ihre vier Brüder und zwei Schwestern sind inzwischen tot und liegen teils in Brennberg, teils in den Vereinigten Staaten, wohin einige von ihnen in der schlechten Zeit nach dem Ersten Weltkrieg ausgewandert waren – wie so viele Menschen aus den armen Gegenden Europas – begraben: Alfons Lotter, Maria Fichtl, geborene Lotter, Josef Lotter, Anton Lotter, Franz Lotter und Rosa Jahn, geborene Lotter.

Die große Familie bewohnte das „Englhaus" in Brennberg, das sich der junge Bader und das frischgebackene Zimmermädchen, das in Köln und Düsseldorf gelernt hatte, nach ihrer Eheschließung gekauft hatten. Ein großer Garten, der heute noch „Englgarten" heißt, gehörte dazu. Knapp liest sich das so: „Am 3. Februar 1907 wurde ich in Brennberg geboren und auf den Namen Theresia nach meiner Mutter getauft ... Als der Erste Weltkrieg begann, war ich sieben Jahre alt. In meiner Vorstellung würden die feindlichen Soldaten bei unserem Gartentürl hereinkommen und uns erschießen. Meine Mutter nahm mich abends zu sich ins Bett und beruhigte mich, weil ich solche Angst hatte ...".

Das Geburtshaus – eines von vielen Fotos, die Theresia Höcherl mit den damals einfachsten Mitteln selbst entwickelte.

Aus der Schulzeit

In Brennberg ging das kleine „Reserl" sieben Jahre in die Volksschule, dann drei Jahre in die „Sonntagsschule", die jeden Sonntag nach dem Amt im Schulhaus war und eine Stunde dauerte. Der harte Schulalltag: „Um 6.15 Uhr in die heilige Messe, dann Schule von 7 bis 9 Uhr, eine Viertelstunde Pause, dann weiter bis 11 Uhr. In der großen Pause von 11 bis 12 Uhr durften wir Brennberger Kinder zum Essen heimgehen. Dann von 12 bis 2 Uhr wieder Schule, wir Mädchen hatten einmal in der Woche Handarbeit bis 3 Uhr. Die

Buben durften heimgehen, da haben wir natürlich geschimpft ..."

Wie unvergeßlich für Kinder Lob und Auszeichnung sind, wie wichtig auch für ihr ganzes späteres Leben, sagen die folgenden kleinen, großen Erlebnisse. Das kleine Mädchen, das gerne zur Schule ging und die beiden Lehrkräfte – eine Lehrerin hatte die ersten drei Klassen ("kleine Schule") und der Lehrer die anderen Klassen bis sieben ("große Schule") – sehr mochte,

Die Volksschulklasse in Brennberg um 1914/15.

Brennberg 1929 im Winter von der Burgruine aus.

lernte auch gut und hatte gute Noten. Als es einmal als
einzige eine Rechenaufgabe lösen konnte, bekam es
zur Belohnung ein „Zehnerl": „Das war damals viel
Geld. Ich wollte es erst nicht nehmen, doch der Lehrer
sagte, er möge mich nicht mehr, wenn ich es nicht
nähme, da nahm ich es erst. Daß man für die Pause
Geld von zu Hause bekam, das kannte man nicht. Ein
Stück schwarzes Brot war alles."

Und noch ein unvergeßlicher Tag. „Als ich sieben
oder acht Jahre alt war, nahm mich unser Pfarrer Braun-
müller einmal nach der Schule bei der Hand und sagte:

11

Das Erstkommunion-Kind.

Komm Reserl, du darfst heute bei mir essen! Er nahm mich mit in den Pfarrhof zum Mittagessen. Ich durfte mit ihm am Tisch sitzen. Die Pfarrhaushälterinnen durften das damals nicht. Anscheinend hatte er Erbarmen mit mir. Ich war ein sehr schmächtiges Kind, ‚Dingerl‘ sagten die Brennberger.“

Und schließlich, welchem Pädagogen ist wohl heute noch solch ein Erfolgserlebnis vergönnt? „Als ich aus der Schule entlassen wurde, habe ich geweint. Da nahm mich mein Lehrer in den Arm, streichelte mich und sagte: Wir sind ja nicht weit auseinander und wir sehen uns ja auch im Chor.“

Ab der dritten Klasse sang das kleine Mädchen im Kirchenchor. Sie erinnert sich: „Einmal waren wir Lotter-Kinder alle darin vertreten, in allen Stimmlagen, männlich und weiblich. So kam es, daß – bei der schon damals offensichtlich vorhandenen Erbfeindschaft – manchmal am Sonntag Frauenzeller herüber kamen, um uns zu hören.“

Erlebnisse im Elternhaus

Die „Aufklärung“: „Mein Vater als approbierter Bader war der Doktor für fast alles. Einmal ging ein fremdes Paar auf unserem Weg und sie gingen „per Arm“. So etwas gab es damals auf dem Lande nicht und ich hatte es auch noch nie gesehen. Als ich nun die Leute kommen sah, lief ich schnell ins Haus, holte

Die Eltern und zwei Geschwister, links Theresia Lotter.

Vater und sagte zu ihm, er solle schnell kommen, da sei einer schlecht geworden. Meine Eltern haben mich dann aufgeklärt."

Große Bewunderung galt immer ihrer Mutter, einer strenggläubigen Frau, die trotz ihrer vielen Arbeit mit den vielen Kindern und dem Haushalt sowie dem Geschäft fast jeden Tag die Messe besuchte. Es gab keine Wasserspülung, keine Heizung, es wurde von Hand gewaschen. Zudem ging die Mutter in den elterlichen Hof zur Arbeit und brachte als Lohn Lebensmittel mit nach Hause. Die Großmutter war dafür bekannt, „daß vom Thalhof keiner leer weggeht". Auch das Reserl und ihre Geschwister kamen satt heim, wenn sie im Thalhof gewesen waren.

Baderei und Weinhandel

Der damalige Pfarrer sagte: „Wenn der Herr Lotter (er pflegte in späteren Lebensjahren gerne mehrere Wirtshäuser an einem Tag zu besuchen) so sparsam wäre wie seine Frau, sie wären die reichsten Leute in der ganzen Umgebung." Die Mutter führte neben ihrer vielen Arbeit mit Kindern und Haus auch einen kleinen Weinhandel, die Marken waren „Blutwein" und „Samoswein". „Vater hat von Patienten, die arm waren, nichts verlangt. Er tat viel Gutes. Nie war er unwillig, wenn er nachts geholt wurde zu den Kranken. Wenn Messerstechereien waren im Wirtshaus – und das nicht selten – kamen sie alle zu uns zum Verbinden. Unsere Stube hat oft ausgeschaut wie ein Schlachthaus. Er hat die Wunden genäht und verbunden. Ein paarmal gab es auch Tote."

Das junge Mädchen

Die erste „Weltreise": „Als ich 18 war, durfte ich einmal mit unserer Lehrersfamilie nach Berchtesgaden in Urlaub fahren. Das war damals eine Weltreise", schrieb die Frau mit über 80 Jahren, die Witwe, Jahrzehnte später, nachdem sie alleine und mit ihrem Mann ferne Kontinente besucht hatte. Dieser Lehrersfamilie hatte sie es dann auch zu verdanken, daß sie nach Frauenchiemsee durfte, in die dortige Klosterschule, in der die Mädchen die Haushaltsführung und mehr lernten in der Art einer heutigen Realschule, allerdings nur drei Jahre lang. Noch zu der Zeit, als Theresia Höcherl ihre

Erinnerungen schrieb, hatte sie Verbindung zu einer Schwester Bonaventura aus der damaligen Zeit. Sie muß weit in den Neunzigern gewesen sein.

Schlittschuhlaufen auf dem Chiemsee.

„Meine Brüder und auch mein Vater wurden im Ersten Weltkrieg eingezogen und waren bis zum Schluß dabei, Gott sei Dank kamen alle gesund zurück." Viele Männer aus dem kleinen Dorf Brennberg und den umliegenden Gemeinden aber mußten ihr Leben lassen, die Reihen der Namen auf den Denkmälern sind lange. „Alfons war Offizier bei der Luftwaffe, Sepp kämpfte an der Somme mit. Wir haben noch Fotos von ihnen mit den Uniformen."

Nach dem Kriege wanderten die Brüder und auch Schwestern nacheinander nach Amerika aus, weil es in einer der ärmsten Gegenden im ohnehin armen Deutschland keine Arbeit gab. Toni nahm ein Amerikaner mit, der zu Besuch hier war, und er ließ alle nacheinander nachkommen und mußte für jeden eine Bürgschaft leisten, da man sonst keine Einreisegenehmigung bekam . . . Mein ältester Bruder Alfons war Diplomingenieur, er mußte ganz unten anfangen, aber seine Tüchtigkeit brachte ihm bald den Posten eines Abteilungsleiters in einer großen Fabrik in Hudson ein. Er heiratete eine Deutschamerikanerin, eine v. Schlör, die in Rosenhof bei Regensburg ein Gut gehabt hatten und dann ausgewandert waren. Zwei von seinen Kindern besuchten uns nach dem Krieg."

Bruder Sepp ging mit seiner Frau in die Staaten,

Franz heiratete eine Amerikanerin. Seine Tochter Nancy war mit ihrem Mann in Brennberg in den sechziger Jahren, beider Tochter wurde in Brennberg getauft – ein großer Kreis schloß sich. Die Schwester Maria ging mit ihrem Mann Heinrich in die USA, ihre Tochter Hildegard wurde dort geboren. Die Familie aber mußte wieder nach Deutschland zurück wegen gesundheitlicher Probleme.

Die Fichtls ließen sich in einem Haus unterhalb der Brennberger Burg nieder, die Töchter Marianne und Elfriede leben verheiratet in Brennberg und haben große Kinder. Schwester Rosa ging mit ihrem Mann nach Milwaukee. „Einmal war ich schon zu Besuch in Milwaukee bei ihnen allen, es lebten noch fast alle, es war eine wunderbare Zeit."

ERLEBNISSE – ERINNERUNGEN

Der Mann tritt ins Leben

Bei der Abschiedsfeier, bevor Reserls Bruder Sepp nach Amerika ging, sah sie zum ersten Mal den Mann, mit dem sie ihr künftiges Leben verbringen würde. Doch das mit dem „Verbringen" dauerte seine Zeit, viel zu lange für den Geschmack des jungen Jura-Studenten aus Loibling, Gemeinde Trasching in der Rodinger Gegend. Sepp war sein Cousin, er hatte ihn nach Brennberg eingeladen zu der Feier beim Hahnwirt. „Es war ein Zufall."

Als der junge Mann am anderen Tage zu seiner Mutter nach Loibling kam, sagte er zu ihr: „Ich heirate das Lotter Reserl und sonst keine." Die damals Nichtsahnende schreibt: „Wir hatten an jenem Abend fast nichts gesprochen. Ich dachte gar nicht mehr an ihn, aber er kam dann immer wieder mit seinem Radl – es waren so um die 20 Kilometer nach Brennberg. Er schrieb dann öfter und ich dachte immer noch nichts dabei. Er ging nach den Semesterferien wieder zum Studieren nach Berlin. Das war 1931."

„Bei seinen Besuchen fragte er mich einmal, wie ich mir meinen künftigen Mann vorstelle. Ich sagte ihm, er müsse groß und blond und so ähnlich wie mein ältester

*Der Student und Soldat Hermann Höcherl mit seinem „gestrengen"
und „zutraulichen" Reserl.*

Bruder sein, den er von Fotos her kannte. Au weh, da kann ich nicht dran, soll er dann zu einem Bekannten gesagt haben", der Hermann Höcherl war klein, braunhaarig und schmächtig – letzteres sollte sich nach dem Zweiten Weltkrieg ändern. Doch es kam schließlich so, „wie es sein sollte". Aber in all den fünf Jahren, in denen das Reserl und ihr Hermann miteinander „gingen", sagte sie ihm immer wieder, er solle sich eine andere Frau suchen, die zu ihm passe und die studiert hätte.

Doch er wollte davon nichts hören. „So lernten wir uns kennen, achten und lieben, aber wir prüften uns noch lange vier Jahre." 1935 verlobte sich das Paar in aller Stille und am 14. September 1936 wurde standesamtlich in Brennberg, kirchlich in Niedermünster in Regensburg geheiratet. Die Trauzeugen waren Vater Nikolaus Lotter und, da Hermann unehelich geboren worden war, sein Onkel Josef Frank.

Die junge Frau

Bereits die fünf Jahre vor der Eheschließung waren für das junge Paar eine herrliche Zeit gewesen. Man machte gemeinsame Ausflüge mit dem Rad. Autos gab es fast keine auf den staubigen Straßen, meist begegneten sie Ochsen- und Pferdegespannen. Doch die herrliche Landschaft des Vorwaldes, damals noch unberührter als in späteren Jahren, als die schwarzen Teerstraßen die Wiesen, Wälder und Felder zu durchschneiden begannen, entschädigten für viele Strapazen – wenn sie je als solche empfunden wurden. Es war schon ein weiter Weg bis zum Großen Arber, den die jungen Leute bestiegen, um dann in der Arberhütte mit 40 bis 50 Menschen zusammen in einem Saal zu übernachten.

Ein kleines Erlebnis von diesem Tag: „Wir zwei standen ganz alleine oben auf dem Gipfel und Hermann gab mir ein Busserl. Eine kleine Gruppe von Studenten stand etwa 100 Meter weiter unten und sah uns zu. Einer von ihnen rief, ob er auch ein Busserl bekomme und ich rief Ja zurück. Der Student warf seinen Rucksack auf den Boden und rannte rauf. Ganz außer Atem sagte er ‚da wär ich‘, gab mir ein Busserl, sagte ‚danke‘ und war schon wieder weg. So kleine Erlebnisse bleiben …“

Einmal fuhren beide auch mit dem Rad nach Passau, von dort mit dem Schiff nach Linz und wieder zurück. Von Passau aus ging es per Rad über den Bayerischen Wald wieder heim. Unterwegs ging das Geld aus. Sie baten einen Bauern um Milch und Brot, der gab es und so hielten sie durch bis nach Hause.

Nach der Heirat ging die glückliche Zeit weiter. Der junge Ehemann war inzwischen Gerichtsreferendar geworden und verdiente 150 Reichsmark im Monat. Sie bezogen in Regensburg-Prüfening eine kleine Wohnung, zwei Zimmer mit Wohnküche, sogar ein kleines

Stück Garten war bei 35 Mark Miete eingeschlossen. Das Reserl richtete mit ihrem Heiratsgut dieses „erste kleine Reich" schön ein. Und weil sie von ihrem Elternhaus stets Hunde gewöhnt war, kam ein Langhaardackel als erstes weiteres „Familienmitglied" dazu. „Wir waren glücklich und zufrieden, kamen ganz gut zurecht, denn die Mark war damals noch etwas wert."

Eine leichte Trübung erfuhr das Glück, als der junge Jurist nach Nürnberg versetzt wurde – die Wohnung mußte aufgelöst werden, den Dackel „Hexerl" durfte sie nicht mitnehmen in die neue Wohnung bei der Tante des Mannes, die Unabhängigkeit, die erste im Leben, war schnell vorbei. In dieser Zeit erwartete Theresia ihr erstes Kind.

Die eigene Familie

„Am 9. Januar 1938 kam unsere Irmingard zur Welt in einem evangelischen Krankenhaus. Die Taufe war dann in meinem Zimmer. Die Schwestern hatten alles wunderbar gerichtet und sangen während der Zeremonie vor unserer Türe ein Lied. Es war rührend für uns alle, Tante war die Taufpatin. Im Frühjahr 1938 kam Hermann Höcherl und mit ihm seine Familie wieder nach Regensburg, als Assessor nun schon, in der Obermünsterstraße wurde diesmal die Wohnung eingerichtet, „und wir versuchten, wieder unser eigenes Leben zu leben, ich war nie mehr in Nürnberg . . ." Am 27. Juni

Theresia Höcherl und ihr Mann beim Fronturlaub mit Irmingard und Helga.

1939 kam die zweite Tochter Helga zur Welt. Sie war ein kräftiges Kind und wog neun Kilogramm.

Ja, es gab und gibt echte, unverfälschte, saubere Männerfreundschaft: „Hermanns bester Freund, Ludwig Lemberger aus Lam gebürtig, hat mich umsorgt vor und nach der Geburt, er hat mir sogar die Schuhe angezogen und gebunden, als ich mich nicht mehr bücken konnte. Er war ein wunderbarer Freund. Mein Mann war in dieser Zeit als Gerichtsassessor in Amberg."

Krieg und die harten Jahre danach

Im Jahre 1940 meldete sich der junge Staatsanwalt, der sich immer unwohler gefühlt hatte in den Zeiten der NS-Justiz, freiwillig zur Wehrmacht. Er kam zur Ausbildung nach Jüterbog, nach kurzem, hartem „Schliff" ging es ab an die Fronten nach Polen, Rumänien, Griechenland, Finnland, er erlebte dort den harten Winterkrieg und darauf den Rückzug in Ostpreußen. Bei Donauwörth kam der junge Leutnant der Artillerie in Gefangenschaft nach Friedberg, später in das berüchtigte Lager Heilbronn.

„In Regensburg mußten wir, Irmi, Helga und ich, immer öfter in den Luftschutzkeller. Ich zog nun wieder einmal um mit Kind und Kegel. Meine Schwester Maria und ihr Mann Heinrich nahmen uns in Brennberg auf, obwohl sie selbst nur ein kleines Haus hatten. Als dann Tante und meine Schwiegermutter in Nürnberg ausgebombt worden sind, zogen wir alle zu meinem Vater in eine größere Wohnung. Dort verbrachten wir die Kriegszeit. Eine Bombe fiel damals auf Brennberg, mitten in die Burgruine, doch gottlob kamen keine Menschen dabei um."

So kam das Kriegsende. Am 11. August kam Hermann Höcherl aus der Gefangenschaft zu seiner Familie zurück, abgemagert, war nur noch Haut und Knochen, aber er lebte, – viele aber nicht mehr. Doch diesem Tag waren Monate voll Ungewißheit und Sorge vorausgegangen. Erst eine Postkarte, die im Wörther Krankenhaus abgegeben worden war von einem Pfarrer, brachte die Gewißheit, daß der Mann lebte. „Später erzählte er mir, daß der Pfarrer früher aus dem Lager entlassen worden war und er ihm diese Karte mitgegeben hatte. Post gab es ja nicht. Auf Umwegen kam dann die Karte zu uns nach Brennberg. Wir waren erleichtert und konnten hoffen. Wie waren wir dann glücklich, daß wir einander wieder hatten. So lebten wir die nächsten Jahre bei meinem Vater."

Noch heute kann man den Weg im Höllbachtal befahren, den in den Jahren nach dem Kriege, als es keine Arbeit gab, auch Hermann Höcherl mit bauen half, ebenso wie mit ihm andere Akademiker, Offiziere. Das E-Werk Heider hatte sie eingestellt. Am 8. Mai 1946, ein Jahr nach Kriegsende, kam ich, Sohn Hermann, auf die Welt, im Elternhaus meiner Mutter.

Heute, am 1. Dezember 1993, mußte ich dem Freund und langjährigen Spielgefährten meiner Kindheit und Jugend, Cousin Alfons Lotter, ins Grab sehen, der einem tückischen Leiden mit 46 Jahren erlegen war. Sein Vater Toni, amerikanischer Staatsbürger bereits zu Kriegsende, hatte mit den einziehenden amerikanischen Truppen verhandelt und alles ging gut.

Meine Mutter erzählte mir oft von den wochenlangen Beschießungen des Fürstlichen Thiergartens von Brennberg aus. Dort hatte sich SS verschanzt und leistete noch lange Widerstand, doch den Leuten im Dorf passierte nichts mehr. Immer wieder schließen sich Kreise, im Leben und Sterben, doch es gibt ja ein Wiedersehen irgendwo, irgendwann.

Ich wog nahezu zehn Pfund bei meiner Geburt und machte schon damals meiner Mutter viel Sorgen. Vaters Arbeitskollegen reimten: „Hermann heißt er wie der Hermann, Nikolaus wie einst der Zar . . ." und „ein schwerer Junge war es schon, kein Wunder, es ist Vaters Sohn." „Mein Mann hat geweint, er war das erste Mal bei einer Geburt dabei", schreibt meine Mutter. Eineinhalb Jahre danach kam am 17. Dezember 1947 Tochter Marlene dazu, im gleichen Haus, im gleichen Zimmer. „Hermann mit seinen eineinhalb Jahren weigerte sich, seinen Stubenwagen der kleinen Schwester zu überlassen, so mußten wir sie in einen Wäschekorb legen . . ."

Die inzwischen groß gewordene Familie mit Großvater, Tante und Großmutter brachte sich mit den Lebensmittelkarten so schlecht und recht durch. „Ab und zu ging mein Mann zum Hamstern zu seinen Verwandten. Die Kinder und ich beteten daheim, daß ihn die Polizei nicht erwischt, und waren heilfroh, wenn er wieder da war mit einem vollgepackten Rucksack. Oft gab es damals die „Oberpfälzer Nationalspeise", die „Eingerührte", eine Suppe, die Maria Wimschneider im Niederbayerischen als „Herbstmilch" bezeichnete. „Sie

Das mit viel Mühen neu erbaute Haus.

war billig und machte satt." Zutaten: Wasser, Roggen-
mehl, saure Milch, Salz und etwas süße Milch.

„So werkelten wir weiter und überlegten, ob wir uns
nicht selbst ein Häuschen bauen sollten." Der Vater gab
ein Stück Wiese, den Baugrund, aber die Familie besaß
ja nur das „Kopfgeld", das bei der Währungsreform
jeder bekommen hatte, 40 Mark. „Aber wir versuchten
es. Ich ging von Bauer zu Bauer, um einige Bäume für
Bretter zu bekommen. Ein Bekannter, der Ingenieur
Hubert Jüngling (ich durfte schon mit vier Jahren und
noch lange danach mit ihm auf die Jagd gehen, er hatte
ein ziemlich loses Mundwerk, lernte mir nicht eben stu-
benreine Sprüchlein, die ich meiner Tochter weiter-
vererbte) verschaffte uns Ziegel, Kalk, Zement und Bal-
ken. Den Keller bauten wir mit hiesigen Bruchsteinen.
Als wir anfingen, sagten die Brennberger wie die Gallier
bei Asterix: Die spinnen . . . Wir hatten oft nicht eine
Mark, um uns einen Brathering kaufen zu können."

Es ging langsam und schwer, aber es ging. Das Wasser
zum Bauen wurde, wie das zum Kochen und Waschen
auch, vom „Hochbrunnen" – er ist heute ein Teil des
großen Gartens um das Haus, samt dem „Hochweiher"
– mit Eimern geholt, erst später gab es einen eigenen
Brunnen hinter dem Haus, der aus der gleichen Quelle
gespeist wird. Zu Anfang gab es keinen Eisschrank,
keine Wasserleitung, weder Bad noch Heizung – das
alles kam später dran. Die Familie war froh, wieder ein

eigenes Dach über dem Kopf zu haben und einziehen zu können. Die vier Kinder gingen alle in Brennberg zur Volksschule, alle schafften dann den Übertritt in höhere Schulen.

Der Schreiber dieser Zeilen erinnert sich noch gut an die unbeschwerte Zeit, an die ewig staubigen Sandstraßen, die bis fast zur Hälfte auch bis nach Regensburg führten, Straßen, auf denen man spielen konnte und im Winter mit dem Schlitten und Bob fahren. Wir waren eingebunden in eine glückliche Familie, welche die Eltern geschaffen hatten, voran die Mutter, in eine noch unberührte Natur, mit Pflanzen und Tieren als täglicher Begegnung in Selbstverständlichkeit. Das Leben der Leute im Dorf war mehr geprägt als heute von gegenseitigem Helfen – und es gab die berühmten Originale, an denen unsere Zeit so arm geworden ist, es gab ein religiöses Leben ohne all die Angst, die später alles überfrachten sollte ...

Irmingard kam in die Handelsschule nach Regensburg, Helga besuchte das Neue Gymnasium dort, ich selbst kam ins Internat des Klosters Ettal – Vater hatte mir als Alternative St. Blasien im Schwarzwald vorgeschlagen. Da ich keine von beiden Schulen, keinen der Orte kannte, fragte ich, was denn näher bei Brennberg liege. Das war das rund 300 Kilometer entfernte Ettal und so kam ich dahin. Schon seit meinem siebten Lebensjahr war ich in Bobby Heider, die schöne Frau des E-Werksbesitzers aus Wörth verliebt – sie wußte das und fuhr mich nach der Aufnahmeprüfung, zu der mich Mutter begleitete, schließlich mit ihrem Pontiac – damals einem Wunder der Technik – zum Schulantritt, Marlene wurde zu den „Englischen" nach Regensburg geschickt. Bereits 1947 hatte der Vater Arbeit in der Rechtsanwaltskanzlei Binder in Regensburg gefunden, 1948 kam die Zulassung beim Landgericht Regensburg, dann die Gründung einer gemeinsamen Praxis mit Binder, später mit Dr. Kranz. 1949 ist der Jurist Staatsanwalt in Deggendorf, 1951 Schöffengerichtsvorsitzender in Regensburg.

Politisch stand der junge Richter den Ideen von Dr. Josef Müller, genannt „Ochsensepp", dem ehemaligen Widerstandskämpfer gegen Hitler im Umfeld von Canaris nahe, der die CSU mit gegründet hatte. Für diese Partei wurde er 1952 – in der Zeit, die Leonhard Deininger, der langjährige Landrat mitprägen sollte – in den Kreistag gewählt und ein Jahr später in den Deutschen Bundestag. Mein „Freund" und „Jagdgefährte" Hubert Jüngling war es, der in seinem „unantastbaren" DKW den frischgebackenen Abgeordneten nach Brennberg brachte.

„Nun ging es uns endlich besser", schreibt meine Mutter dazu kurz und: „Ich lebte weiterhin mit meinen Kindern in unserem Haus in Brennberg." Ein Umzug nach Bonn war nie ein Thema gewesen, auch in all den langen späteren „Bonner Jahren" des Politikers nicht.

Die Frau des Politikers

Kurz die äußeren Daten, der Rahmen, der überall nachgelesen werden kann: Abgeordneter im Bundestag von 1953 bis 1957, Vorsitzender der CSU-Landesgruppe von 1957 bis 1961, dann vier Jahre Innenminister im Kabinett Adenauer, Landwirtschaftsminister von 1965 bis 1969 unter den Kanzlern Erhard und Kiesinger. Während der Kanzlerschaft von Willy Brandt und Helmut Schmidt noch Abgeordneter im Deutschen Bundestag bis 1976, dann Verzicht und erneute Tätigkeit als Anwalt.

Vereidigung als Innenminister im Kabinett Adenauer.

Wie läßt sich beschreiben, was in der Frau vorging, die in ihrem Haus und Garten weiter für ihre Familie da war, das Zentrum bildete und wohl auch dem Mann die Kraft gab, die er brauchte, um so hoch steigen zu können – vom unehelich geborenen Bauernbuben bis zum Minister der Bundesrepublik Deutschland? Was fühlte und dachte die Frau, die als Kind eines Dorfbaders die Armut kannte wie kaum eine andere Ehefrau eines der in Bonn Verantwortlichen? Die Geldsorgen waren verschwunden, Wohlstand eingekehrt, doch das alles änderte weder nach außen und schon gar nicht im inneren Gefüge der Familie etwas.

Allenfalls eine stille Freude über die Anerkennung, die der Mann fand, war zu verspüren – aber auch in politisch bewegten Zeiten Angst um ihn und die Kinder. Tiefen Eindruck hinterließen in ihr einige große Reisen, die sie an der Seite ihres Mannes unternehmen konnte, noch mehr aber bewegten sie Begegnungen mit berühmten, großen Männern und Frauen in dieser Zeit. Und alle, die das „Bader Reserl" von einst kennenlernten, mochten sie ob ihrer einfachen, liebenswürdigen, keineswegs aber devoten Art, der Direktheit des Gespräches und der immer wieder zum Ausdruck kommenden Liebe zu den „Ihren".

Es waren dies Reisen nach Marokko, mit Empfang beim damaligen König Mohammed V., eine dreiwöchige Reise nach Argentinien und Uruquay, in die unendlichen Weiten dieser Länder, die so garnichts haben von der trauten Enge unserer Vorwaldberge. „Mein ganzes Leben werde ich diese Eindrücke und Erlebnisse nicht vergessen", schrieb Theresia Höcherl in ihren Erinnerungen. Sie sah die Hauptstädte Europas und wohnte in der Deutschen Botschaft in Athen beim Besuch des Mannes in Griechenland, auch ich war damals mit dabei und lernte einen Mann kennen, der mir schon damals sehr gefährlich erschien – der Putschist von 1967, General Pattakos . . . ein anderer Kreis begann damals für mich.

Tief bewegt war meine Mutter von kurzen Worten, die sie im Jahre 1965 mit Königin Elisabeth von England bei deren Staatsbesuch in München wechseln konnte: „Sie fragte mich, wieviel Kinder ich habe. Ich sagte ihr, drei Mädchen und einen Buben. Die Königin antwortete, sie habe es genau umgekehrt, drei Buben und ein Mädchen . . . So hatte ich viele schöne Erlebnisse in dieser Zeit. Einmal waren wir bei zwei Ministern eingeladen. Bei einem Spaziergang durch deren Grundstück ging der eine in den Garten und pflückte mir eine Handvoll Himbeeren. Das sind so kleine, nette Gesten von diesen hohen Herren". Nebenbei: es handelte sich um die Gebrüder Vogel, Jochen von der SPD, und seinen Bruder Bernhard Vogel, CDU, damals wohl Ministerpräsident von Rheinland-Pfalz – es war die Zeit der SPD/FDP-Regierung.

Beim Besuch der „Queen" in der Bayerischen Staatsoper.

Auch an ein „Frühstück" im Hause Thurn und Taxis, damals noch beim verstorbenen Fürsten Albert, erinnert sich Theresia noch lebhaft, Bischof Rudolf Graber von Regensburg war bei der kleinen, erlauchten Runde. „Der Fürst sagte wegen der Nähe des Fürstlichen Thiergartens zu Brennberg immer Frau Nachbarin zu mir…

Doch all die Begegnungen mit Königen und Staatsmännern hinterließen nicht das, was eine Reise mit Nichte Anni nach Amerika, zu den Verwandten, ihr geben konnte. „… mit dem Schiff nach New York, dann nach Milwaukee, da wohnten meine Geschwister. Es war ein Wiedersehen nach vielen, langen Jahren. Wir wurden nicht fertig mit Fragen und Erzählen von daheim. Alle habe ich besucht, außer meine zwei Nichten, die im Kloster lebten, zu weit weg. Auch am Grabe meines Bruders Alfons in Hudson war ich. Leider war es das letzte Wiedersehen mit meinen Brüdern. Nach drei glücklichen Wochen fuhren mich mein Schwager Albert und meine Schwester Rosa nach Chicago zum Flughafen.

In München erwarteten mich Helga, Hermann und Marlene. Sie waren froh, daß ich wieder daheim war und ich selbst war selig." Anmerkung des Verfassers: Das hinderte die Hausfrau aber nicht, ihrem Mann und ihrem Sohn gleich nach Betreten des Hauses gehörig den Kopf zu waschen, weil diese auf einer Damast-

Tischdecke während ihrer Abwesenheit die Jagdgewehre gereinigt hatten ...

„Nach Bonn kam ich nicht sehr oft, in den 23 Bundestagsjahren fuhr mein Mann nahezu jedes Wochenende nach Hause. Trotzdem lernte ich die meisten Politiker kennen, voran Bundeskanzler Adenauer und viele seiner Minister. Zu unserer Silberhochzeit kam damals Strauß mit dem Hubschrauber, das war der erste Hubschrauber, der in Brennberg landete. Wir wußten nichts, nur die Polizei in Regensburg wußte Bescheid ... Ich hatte noch nie irgendwelche Hemmungen gegenüber all diesen Persönlichkeiten gehabt und gab mich ganz so, wie ich war, und das kam, glaube ich, gut an.“

Schiffstaufe.

„In Brennberg lebte und lebe ich gerne" – sie hatte inzwischen in Regensburg eine Wohnung gekauft und ist dort einige Tage in der Woche mit ihrem Mädchen Monika, die sie auch fährt, „die Nachbarn sind alle gut und hilfsbereit. Auch meine Verwandten kümmern sich um mich, besonders meine zwei Nichten Elfriede und Marianne mit ihren Familien. Ich bin froh, daß sie da sind und sie haben ihr „Tanterl" gerne.

Neues Leben und Tode

„Mit dem Jahre 1980", so sagte Theresia Höcherl, „fing die schwerste Zeit in meinem ganzen Leben an." In der Zeit vorher hatte Tochter Irmingard 1963 Willi Kufner geheiratet, ihre Tochter Cornelia wurde 1964 geboren. Tochter Helga und ihr aus Ungarn stammender Mann Michael heirateten 1967, 1968 wurde deren Sohn Sascha geboren. 1972 heiratete Marlene Gerd Ebenbeck und ich Elisabeth Wurzer, wurde aber nach zwei Jahren wieder geschieden. Marlenes Söhne Oliver und Daniel erblickten 1972 und 1975 die Welt. Auch Helga war inzwischen wieder geschieden, ihren Mann Michael sah ich als Letzter der Familie lebend am Frankfurter Hauptbahnhof, er erlitt wenige Jahre später einen tödlichen Autounfall – er saß als Beifahrer im Wagen. Helga war Lehrerin geworden und lebte auch zeitweilig im Brennberger Haus.

„Im genannten Jahr 1980, am 8. Mai, mußte ich ins Krankenhaus: Nierenoperation. Meine Kinder haben mich jeden Tag besucht und mein Mann fuhr ebenfalls täglich zu mir. Mein Sohn Hermann wartete in der Intensiv-Station, bis ich aus der Narkose erwachte, damit ich nicht alleine war. Das tat gut!" Nach zwei Wochen konnte Theresia Höcherl wieder nach Hause.

Am 31. Juli mußte Tochter Helga in Erlangen operiert werden. Die Diagnose: Brustkrebs. So fingen für die junge Frau und auch die Mutter im besonderen eine zwei Jahre dauernde Leidenszeit an. „Zwischen Hoffen, Bangen und Verzweifeln gingen die Tage, Wochen und Monate dahin, bis Helga selbst wußte, daß sie sterben würde. Sie war so tapfer, rechnete Saschas Waisenrente zusammen und sagte zu mir, daß sie in Brennberg beerdigt werden wolle . . . Ich sagte damals zu ihr, ich lasse sie nicht alleine in Regensburg. Da war sie beruhigt. Die letzten Tage und Wochen war ich Tag und Nacht bei ihr. Ich weiß nicht, woher ich die Kraft bekam. Gott sei Dank konnte ich ihr helfen, soweit es in meiner Macht stand, und sie war so dankbar für alles. Sie wußte, daß sie Weihnachten nicht mehr erleben würde. Am 14. Dezember gegen Abend fragte sie, ob alle da seien, und dann, ob Oma (ich) auch da wäre . . . das waren ihre letzten Worte. Sie bekam die Sakramente und starb. Was das heißt, kann man nicht sagen . . ." Helga wurde in Brennberg beigesetzt, auch ihre Schulkinder waren dabei. Die Mutter betet und besucht fast jeden Tag das Grab – was bleibt sonst?

Doch auch in diesem hohen Alter von fast 74 Jahren muß und will sie weiter da sein für ihre nun schon kleiner gewordene Familie, den Mann, drei Kinder und vier Enkelkinder, die sie alle brauchen, ob groß oder klein. Auch Tochter Irmingard wird in diesem Schicksalsjahr operiert, doch alles geht gut aus. Sie ist Studienrätin an der Landwirtschaftsschule in Regensburg, der Sohn Redakteur in Passau, Marlene Heilpraktikerin in Regensburg, der Mann noch immer als Anwalt tätig.

Eine Notiz im Februar 1986: „Seit ein paar Tagen gehe ich ins 80. Lebensjahr ... So leben wir in Brennberg unser Leben. Ich bin nicht lebensmüde, aber schön langsam müde vom Leben ...". Doch auch ein wenig Freude mischt sich in diese traurig anmutenden Zeilen: „Wenn wir es noch erleben, hätten wir am 14. September dieses Jahres unsere Goldene Hochzeit".

1989: Rückblicke

Drei Jahre, lange und bittere Jahre, sind vergangen seit dem letzten Eintrag in das Heft, das vor mir liegt. Und sie wäre nicht das „Bader-Reserl", tapfer, froh um alles Schöne, wenn sie nicht mit eben den schönen Tagen beginnen würde. Da wird meine Hochzeit mit Marianne, meiner Frau, mit der ich und unsere Tochter

Judith nun im elterlichen Hause in Brennberg leben, genau beschrieben, vom Standesamt über die Feier bis hin zur sechswöchigen Hochzeitsreise nach Mexiko. Freude zieht ein bei der Geburt meiner Tochter Judith am 8. Juli 1986, sie besucht Marianne mit Marlene im Krankenhaus von Hutthurm bei Passau, die Taufe ist natürlich in Brennberg, wo sonst. Judith ist das fünfte Enkelkind.

Die Goldene Hochzeit am 14. September 1986: „Am Abend um 19 Uhr war eine stille heilige Messe für uns. Pfarrer Hebauer hielt den Gottesdienst sehr feierlich. Wir gingen beide zur Kommunion. Alle Kinder, Enkelkinder, Verwandte und Bekannte waren gekommen, dazu viele Brennberger und Regensburger, auch – der inzwischen verstorbene – Oberbürgermeister Viehbacher aus Regensburg war unter ihnen. Herr ‚Herr' von Scheu und Wirth hatte eine alte, schöne Mercedes-Limousine mitgebracht, mit der wir zur Kirche fuhren. Danach wurde im Wohnzimmer gefeiert. Margit, die Schwiegermutter meiner verstorbenen Helga, war mit viel Mühe aus Ungarn herausgekommen, auch Fräulein May (die ehemalige langjährige Sekretärin meines Mannes in Bonn) und Herr Böning (der Chauffeur, der am längsten bei uns war und immer noch zu uns kommt) waren da und feierten gleichzeitig ihr ‚25jähriges Dienstjubiläum' bei uns.

Am Tag darauf, es war ein Sonntag, brachte die

Kapelle der Freiwilligen Feuerwehr Brennberg ein Ständchen, Bürgermeister und Gemeinderäte gratulierten. Mein Mann Hermann war ganz stolz, daß er bisher als einziger der damaligen Minister aus Bonn mit seiner ersten Frau die goldene Hochzeit feiern konnte ... Wir bekamen viele, viele Glückwünsche und schöne, wertvolle Geschenke. Es war ein rührend schöner Tag und wir waren unserem Herrgott dankbar, daß wir ihn noch so einigermaßen gesund erleben durften. Aber es sollte sich bald ändern."

Opas 75. Geburtstag am 31. März 1987: „Schon am Montag abend war eine Vorfeier in Abensberg bei Stanglmeier mit Staatsminister Gustl Lang. Böning als alter Fahrer war natürlich dabei. Am Dienstag kamen schon am Vormittag Musikkapellen von Bundesgrenzschutz und Bundeswehr, hohe Offiziere gratulierten. Sie alle wurden bei Hirschberger bewirtet. Hunderte von Gratulanten bewirteten wir in diesen Tagen selbst im Wohnzimmer, die Familie mit Fräulein May und Herrn Böning halfen. Auch Fernsehen war da. Der Stammtisch vom Bratwurstherzl in Regensburg brachte den versprochenen schwarzen Kater. Sohn Hermann taufte ihn ‚Micherl'. Er lebt noch.

Am Abend gab es noch eine Feier im Berufsbildungszentrum Eckert, Landrat Schmid und seine Frau holten uns ab, es dauerte bis in die Morgenstunden. Opa, Fräulein May und Herr Böning fuhren schon voraus nach

Die glücklichen „Ruheständler" vor dem Brennberger Haus.

Bonn zur nächsten großen Feier. Wir alle fuhren am Donnerstag nach, mit Auto und Flugzeug.

Am Abend war ein großer Empfang mit Bundeskanzler Kohl und vielen weiteren Politikern. Herrn Schlipf darf ich nicht vergessen, er hat viel, wie auch schon früher, auch dabei für Opa getan. Vielleicht lege ich die Ansprache von Kohl bei, weil die besonders schön war. Freitag, Rückkehr nach Brennberg, die Feiern dauerten eine ganze Woche ..."

Der Tod des Mannes

Er hatte einmal so vor sich hingesagt: „Wenn eines von uns beiden stirbt, dann ziehe ich nach Regensburg" und hatte sich diesen Spruch von seiner Frau oft in Neckereien vorhalten lassen müssen. Wieder kam es ganz anders. Theresia schreibt: „Ende des Jahres 1987 wurde auch mein Mann Hermann krank. Am Anfang dachten wir und auch er selbst an nichts Ernstes. Aber Anfang Januar 88 mußte er am Auge operiert werden und ließ sich bei dieser Gelegenheit in Bonn gründlich untersuchen. Es war einiges nicht in Ordnung, er konnte nicht mehr richtig gehen.

Am 18. Juni 1988 fuhr er mit dem Zug nach Bonn. Obwohl ihm Marlene angeboten hatte, ihn zu fahren, lehnte er dies ab. Dann passierte das Unglück. Er stürzte im Zug und zog sich einen Oberschenkelhalsbruch am rechten Bein zu. Er mußte zweimal operiert werden, war sechs Wochen in Bonn im Krankenhaus. Wir haben ihn besucht und getröstet, er konnte es kaum erwarten, wieder heimzukommen. Den Sommer über war er dann doch bei uns und konnte sogar auf die Terrasse raus in die Sonne, die er so liebte. Er wußte, daß er Krebs hatte und wir wußten es auch. Aber er hat nie darüber gesprochen und wir auch nicht. Er war so tapfer und hat nie gejammert."

Am 7. November mußte er nach Regensburg ins Krankenhaus der Barmherzigen Brüder zum Bestrahlen. Nach dieser Behandlung konnte er fast nicht mehr gehen. Schwestern kamen ins Haus, die Töchter halfen ihm. „Er war so dankbar für alles, wenn er es auch nicht so zeigen konnte." So ging das Monate. Am Pfingstdienstag 1989 mußte er das letzte Mal zum Bestrahlen nach Regensburg – und kam nicht mehr heim. Am Abend des gleichen Tages das letzte Telefongespräch. Die Frau sagte zu ihrem todkranken Mann: „Jetzt schau, daß Du ein wenig schlafen kannst, morgen früh komm ich gleich." Sie sagten sich noch „Gute Nacht", das waren die letzten Worte, die sie im Leben wechselten.

Als am Mittwoch morgen die Schwestern kamen, war Hermann Höcherl bereits ohne Bewußtsein. Sie sagten, am Abend habe er um ein Glas Rotwein, den er sehr liebte, gebeten und eine „Camel" ohne Filter aus einer frischen Packung geraucht. Dann sei er friedlich eingeschlafen. Diese letzte Schachtel Zigaretten nahm ich zu mir und habe sie bis heute aufbewahrt. Theresia Höcherl und Irmi blieben bei ihm, bis er am Donnerstag, 18. Mai 1989 starb. „Das war schrecklich", so die Worte von Theresia.

„Daß mein Mann ein Staatsbegräbnis bekommen sollte, wußte ich, er hatte es auch selbst gesagt. Aber wie ein solches vor sich geht, wußte ich nicht. Ich dachte, daß zur Beerdigung eine Abordnung aus Bonn kommt mit ein paar Ministern und anderen Politikern. Ich wußte nicht, daß es zu einer so großen Trauerfeier im Dom und Rathaus von Regensburg sowie in Brennberg kommen würde mit dem Bischof, dem Bundespräsidenten, dem Bundeskanzler, den vielen Ministern, Fürstin Gloria und vielen, tausenden Menschen.

Es wurden große Reden gehalten von Richard von Weizsäcker, Bischof Manfred und Kanzler Kohl. Mehr dazu brauche ich nicht schreiben. Ihr Kinder und Enkelkinder, für die ich diese Zeilen schreibe, wart ja alle dabei. Ich weiß nicht, woher ich die Kraft bekam, daß ich diesen Tag durchhalten konnte."

Die letzten Zeilen aus der Hand von Theresia Höcherl in diesen Aufzeichnungen stammen vom März 1991: „Im Mai werden es zwei Jahre, daß Opa gestorben ist. Vieles hat sich in dieser Zeit verändert. Ich habe mir eine kleine Wohnung in Regensburg gekauft,

Nach dem Staatsbegräbnis an den Stufen des Doms zu Regensburg.

sie gemütlich eingerichtet und fühle mich ganz wohl dort. Am Wochenende fährt Monika, mein Mädchen, die bei mir wohnt, nach Brennberg. Mitte September 1989 zog Hermann mit Familie von Niederalteich nach Brennberg in das Elternhaus. So leben wir weiter, so gut es geht in meinem Alter. Im Februar war ich 84 Jahre. Kinder und Enkelkinder kommen oft zu Besuch und viele Bekannte, sogar Minister, das freut mich."

Dezember 1993

Was bleibt?

Beim Schreiben dieser Zeilen in den letzten Wochen zog mit dem Leben des „Bader-Reserls" auch mein bisheriges in kurzen Zügen an mir vorüber. Erinnerungen sind fast immer eng mit ihr verwoben. Es ging noch einmal ganz lustig zu am 85. Geburtstag meiner Mutter, im kommenden Februar wird sie 87 Jahre alt. Doch sie wurde in diesem Sommer krank, ein Bein „machte nicht mehr mit", wie sie es ausdrückt, und sie muß liegen, kann nur mehr wenige Schritte gehen. Doch kein Besuch wird sie je ungepflegt sehen, die Friseuse kommt nach wie vor ins Haus, sich gehen lassen, auch im Schmerz, das liegt ihr nicht, die glasharte Haltung, die sie zeitlebens zeigte, auch in armen, in schlimmen und menschlich schlimmsten Zeiten, die hat sie sich bewahrt.

Was allen, die sie kennen, in Erinnerung bleiben wird, ist das Bild der liebenden Mutter, einer Frau, die diese Rolle mit Leib und Seele angenommen hatte, die wußte und weiß, daß ohne sie als Bindeglied alles auseinanderfallen würde, die mitlitt und sich herzlich mitfreuen konnte, die ihre arme Herkunft nie vergaß und für die Menschen im Dorf stets eine der ihren ist und in der Erinnerung auch einmal bleiben wird. Sie ist wie ein Baum, der auch in hohem Alter noch wohltuenden Schatten spendet und fest mit den Wurzeln verbunden ist, aus denen sie erblühte vor langen Jahren. Und jeden Morgen, wenn wir zusammen telefonieren, hat sie in der Nacht zuvor schon für uns gebetet – Rosenkränze schickt sie zu Gott hinauf, die uns helfen sollen, im Leben bestehen zu können. Und wenn sie klagt, daß sie Schmerzen hat und nicht mehr gehen kann, versuche ich sie aufzuheitern, sage ihr, ich würde sie zum „Hahn-Wirt" ausführen in Brennberg, wo sie ihren Mann kennenlernte, dann nennt sie mich noch heute einen „Lauser".

In einer Woche vom heutigen Tage an ist der heilige Abend. Mutter will ihn hier in Brennberg mit uns feiern und sie bekommt das kleine Manuskript hier als Geschenk, im Januar soll daraus ein Büchlein werden. Sie freut sich darauf, das alles lesen zu können und wird

50

sicher, wie sie auch noch heute politische Ereignisse kurz, aber treffend, kritisiert, auch an diesem Entwurf einiges auszusetzen haben – Gott sei Dank.

Am zweiten Weihnachtsfeiertag schon muß sie ins Krankenhaus nach Regensburg, wieder warten Schmerzen, Bangen, aber auch Hoffnung – die sie selbst nie aufgab.

18. Dezember 1993, geschrieben in Brennberg

Mein 80. Geburtstag am 3. 2. 87.

Der Tag begann schon mit einem Anruf
aus Thailand von Fam. Pabel.
Von meiner Schwester Rosa aus Amerika.
Von Margit aus Ungarn
Von Maria Wittmann aus Kanada.
Von Frau Weiß aus Brüssel und
vielen, vielen Bekannten.
Bürgermeister, Gemeinderat u. Pfarge-
meinderat brachten Geschenkkörbe.
Mittags fuhr Opa nach Bonn, um eine Ansprache
anläßlich des 90. Geburtstages Ludwig Erhards
zu halten.
Die Kinder u. Enkelkinder, Elfriede und
Marianne kamen am Nachmittag. Sie brachten
viele Geschenke u. Blumen mit.
Hannam und Familie gratulierten am
Wochenende. Judith: war damals 7
Monate alt.
Sogar die 2 Schwiegertöchter aus
Hannamsöst ließen sich herabfahren
und brachten Blumen, Eier, Fleisch und
Rote Bete.
Es war ein schöner Tag.

Original-Handschrift.